जो मन कहता है

Abhivyanjana Srivastava

BookLeaf Publishing

India | USA | UK

Presentation by *BookLeaf Publishing*

Web: www.bookleafpub.com

E-mail: info@bookleafpub.com

ISBN:9789360940744

First edition 2024

DEDICATION

मेरे प्रिय माता-पिता जो मुझे लेखन के लिए प्रेरित करते हैं, और मेरे प्रिय पति,पीयूष, जो मुझे इन सब में सहयोग करते हैं, और मेरे प्यारे बच्चे, दीपांशी और श्रेयांशी, जिन्हें देखकर मैं लेखन करने की ऊर्जा प्राप्त करती हूं।

PREFACE

लिख जाती हूं कोरे काग़ज़ पर 'जो मन कहता है'। मन में उभरते भावों को कागज पर कविताओं के रूप में उतारना मेरा शौक रहा है मुझे लगता है कविता विधा अभिव्यक्ति का एक सशक्त माध्यम है।

ज़िंदगी को जीना और उसे समझना किसी कला से कम नहीं, यह हमारे सामने इतने रंग ले कर आती है, इतने दृश्य, इतने सवाल, ना जाने कब किस रूप में यह हमें परखने लगती है। कभी तो हम सहजता और सरलता से इसे समझ लेते हैं और कभी उलझ कर रह जाते हैं, मन ना जाने कितनी ही दुविधाओं, परीक्षाओं व व्यथाओं से गुज़रता रहता है। कभी खुशी तो कभी आँसू बन ये हमें हँसाती-रुलाती रहती है। 'जो मन कहता है' मन की इन्हीं भावनाओं को आपके सामने रखने की एक कोशिश है। कुछ अपनी, कुछ आपकी, कुछ औरों के मन की भावनाओं को पा लेने के बाद उन्हें लिखने की उन्हें कविता का रूप देने की कोशिश है। आप सभी अपने आप को इन कविताओं में गुज़रता हुआ पाएंगे। आधुनिक जीवन शैली की भाग-दौड़ भरी ज़िंदगी में ये कविताएँ शायद ज़रूर आपको सुकून के दो-चार पल दे सकें और यही मेरी कविता की सफलता होगी तो मुझे बहुत खुशी होगी और मैं अपनी मेहनत को सार्थक समझूंगी। 'जो मन कहता है' मेरे सभी पाठकों को समर्पित है।

जो मन कहता है

लिख जाती हूं कोरे काग़ज़ पर,
जो मन कहता है,
भावनाओं का गहरा सागर,
मन ही मन में उमड़ता रहता है
पर अनुभूतियों की अभिव्यक्ति में,
थोड़ा वक्त तो लगता है
अपने मन की कह देना, कुछ औरों की कह पाना
इतना तो आसान नहीं मन के भावों को पढ़ना
गहराई में कहीं उतर, मन के मोती पाने में,
दिल को समझना पड़ता है,
कभी कलम रुक जाती है, अंतर्मन को पढ़ने में,
श्वेत-पत्र पर अंकित करने में, रुक-रुक चलना पड़ता
है
फिर भी भावनाओं की बेचैनी
कह जाती है लिख जाती है, पूरी ही तन्मयता से,
जो मन कहता है।

आशियाना बनाने में

अगर चुभन से डर था
तो कलियां काँटों में ही क्यूँ खिली?
अगर मुश्किलों से डर था
तो तुमने राह कठिन ही क्यूँ चुनी
झूठ तो बड़ी आसानी से जीत जाता
अगर सच जल्द हार जाता
कठिनाईयां तो सच की राहों में आती ही हैं
पर राह से 'सच 'कभी डिगा नही
तिनके-तिनके की खोज में जो परिन्दा पंख फड़फड़ा
रहा है
क्या वह आसमान में सिर्फ हवा खा रहा है?
नहीं, आशियाना बनाने की जुगत लगा रहा है
उठो जूझो मुश्किलें कहाँ नही हैं?
आसानियां तो रास हर किसी को है
शाख पर बैठे रहना तो उसे भी पसंद है
पर देखो कैसे खतरे उठा रहा है
जीवन में संघर्ष सदैव रहते हैं
मुश्किलें तो आती ही हैं
मुकाम बनाने में
आशियाना बनाने में।

कितना अच्छा होता

कितना अच्छा होता
काश कि दुनिया के नक्शे से सारी सीमाएँ मिट जातीं
दिल से दिल तक आने की सारी राहें खुल जातीं
यह तेरा है यह मेरा है ये बात ज़ुबान से मिट जाती
काश परिन्दों सी उड़ने की आज़ादी मिल जाती
सच कितना अच्छा होता
हां कितना अच्छा होता
काश हाथों में हाथ ही होते
हथियारों की बात न होती
नफरत के अंगारों में अपनी ये दुनिया ना कभी
दहकती
काश की दुनिया के आईने में हर सूरत अपनी सी ही
दिखती
सच कितना अच्छा होता।

मुस्कान ही तो हिम्मत है

अश्क कमज़ोरी हैं हमारी,
मुस्कान ही तो हिम्मत है,
हज़ार दर्द लिए दिल में,
मुस्कुराना ही पड़ता है,
हासिल कुछ नहीं दुनिया से कह कर,
अपनी उलझनों से खुद निकलना पड़ता है
उबर कर साहिलों तक आने के लिए
खुद लहरों से लड़ना पड़ता है।

ज़िंदगी तो आईना है

गुज़रे लम्हों को जीना छोड़ दीजिए,
रुख ज़िंदगी का आगे की ओर मोड़ लीजिए
ठहरे पानी पर किस तरह आगे बढ़ेगी नाव?
जहां से ना दिखाई दें आगे की राह
उस मोड़ को जल्द ही पीछे छोड़ दीजिए
माना बहुत कुछ लिए बैठे हैं बीते लम्हे
अनमोल यादें, खूबसूरत सपने
कभी ना भर पाने वाले ज़ख़्म
कुछ ना भुलाए जाने वाले किस्से
कुछ खट्टी-मीठी बातें, कुछ वादे-कसमें
पर टूटना ही पड़ता है सूखे पत्तों को शाखों से
नई कोपलों के लिए
ज़िंदगी तो आईना है हकीकत ही दिखाएगी
पुरानी तस्वीरों से अब मोह छोड़ दीजिए।

सुनो ज़िंदगी

इस समंदर से खारे अश्कों को पी लिया हमने, ऐ ज़िंदगी
आँखों में जब-जब दिया तुमने
मेरे सब्र का अब और इम्तिहान मत लेना, ऐ ज़िंदगी
टूटकर खुद को ना अभी तक बिखरने दिया मैंने
चोट जब-जब दी हालातों ने
अपने ज़ख़्मों की दवा हम खुद बन गए, ऐ ज़िंदगी
एक हुनर अब और सिखा दो, सुनो ज़िंदगी
सब्र टूटे भी कभी तो मुस्कुराने की हिम्मत हो हम में।

कह दो

एक छोटी सी शिकायत है तुमसे
गर हो इजाज़त कर दी जाए
बहुत दिन हुए तुमको देखा नही मुस्काए
आँखों की नमी किसी काम की नहीं
होंठों की चुप्पी अब तोड़ दी जाए
आईना बनकर तुम्हारे सामने खड़े हैं
कह दो जो भी कसक तुम्हारे मन में है
हम वो नहीं जो उदास छोड़ दें तुम्हें
मुश्किलों में भी साथ रहने की हमें इजाज़त दी जाए
जाहिर औरों से ना करें दर्द-ए-दिल कोई बात नहीं
अपनों से मगर हाल-ए-दिल कह दिया जाए

मिलेगी मंज़िल

किसी और की नींद में अपना ख्वाब हम क्यों देखें?
किसी और की शानों पर वज़न अपने अरमानों के हम
क्यों रखें?
मंज़िल मीलों दूर हो या दो कदम पर
रास्ते तय करने का दम बेहतर होगा खुद में हम रखें
चलते रहेंगे रख हौसला तो क्यों नहीं मिलेगी मंज़िल,
औरों से छोड़कर उम्मीदें सारी,
एक खुदपर, एक ईश्वर पर बस भरोसा रखें।

सच्चे ख्वाबों की नाव

अभी ना धूप दिख रही है ना छाँव
ना ही छालों से भरे पांव,
ना सुबह बता सकती है ना ही रातें,
कब से जाग रही हैं आँखें लिए सुनहरे ख्वाब,
बस बेचैन विकल सी ढूँढ रही हैं ये,
अपने सपनों का गाँव,
आसान कहाँ होती हैं राहें, इरादों मे बल होता है,
नाविक की पतवार देख लहरों को भी यकीन हो चला
किनारों पर ज़रूर पहुंचेगी
सच्चे ख्वाबों की नाव।

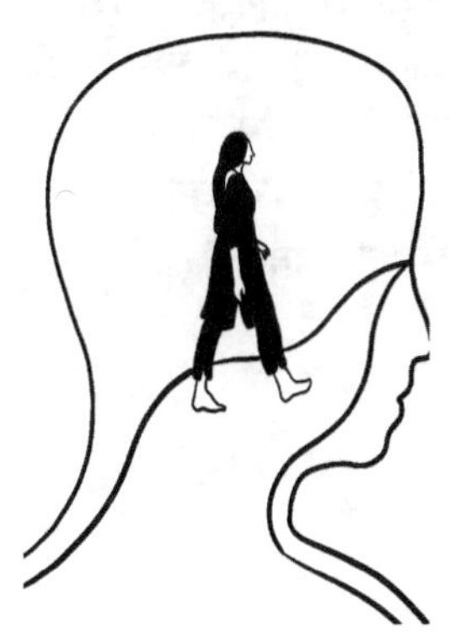

नारी

"आंखें अपनी होती हैं,
सपने उनमें अपनों के होते हैं,
दिल अपना होता है
धड़कने उनमें अपनों की होती हैं
छूने से भी जो मुरझा जाती है
तोड़ने से भी जो टूट नहीं सकती
तमाम सवालों से घिरी हुई
वक्त के सभी सवालों का जवाब देती है, तुम भी
ताक़त बन उसकी
साथ देना सदा उसका
ना कमज़ोर समझना उसे
ना कभी कमज़ोर करना उसे
तुम्हारी ही हिम्मत बन
तुम्हारे ही सपनों को,
वो हमेशा आकर देती है।"

दरख्त

ज़ुबान पर बड़े-बड़े ओहदे और आँखों में ऊँचे-ऊँचे
स्वप्न झाँकते मिले
जब-जब मैंने लोगों से जानना चाहा
क्या बनने का सोचा है आगे चलकर? अचानक एक
दिन 'हतप्रभ' रह गई यह सुनकर
मुझे बनना है उस 'दरख्त' सा
जो अपने दम पर खड़ा हुआ है 'तन कर' मैंने उसकी
आँखों में एक 'अजब' सा विश्वास पाया
और उसकी बातों में जीवन का एक सार भी पाया
"हाँ मुझे उसी पेड़ सा आत्मनिर्भर" बनना है
मैंने उसे सिर्फ दूसरों को देते हुए पाया है जो थककर
पास आया उसे शीतल छाया दे दी
पत्थर मारने वालों ने भी उससे फल ही पाया है
आँधियाँ उसका कुछ ना बिगाड़ सकीं उसने अपनी
जड़ों को इतनी गहराई से जमाया है
हर मौसम में उसे जूझते पाया है
जब तक खड़ा रहा परिन्दों का आशियाना था
टूटकर भी किसी के घर का चूल्हा जलाया है।

मन

परिन्दों सा आज उड़ने को फड़फड़ा रहा है मन
उन्मुक्त आकाश की ओर देखकर ललचा रहा है मन
बेरहमी से गुज़रे वक्त ने बेबस किया कुछ इस तरह
बेचैनियां लिए दिल में आज कसमसा रहा है मन
रह-रह कर चुभ रहे हैं अब ये पल कुछ इस तरह
मानों बिखर चुका है अब भीतर ही भीतर छटपटा रहा
है मन
गुज़रते लम्हों की कड़वाहट घुल गई है कुछ इस तरह
इनसे अब पीछा छुड़ाना चाह रहा है मन
पतंगो की तरह अब कट जाने का ख़ौफ़ नहीं
झूम गगन में लहराने को हो रहा है मन
डगमगाते कदमों में भी अब ताकत आ गई कुछ इस
तरह
फिर से खेत-खलिहानों में दौड़ जाने को मचल रहा है
मन।

हवाएँ

किसी के रोके कब रुकी हैं ये हवाएँ
ये तो खुद चुनती और बदलती हैं दिशाएँ
दिल किया तो झूम के लहराई
मन नहीं तो खामोश हैं हवाएँ
रुख बादलों के भी मोड़ दे
ऐसी हैं ये मदमस्त हवाएँ
कभी छेड़ जाएँ रुखसार फूलों के
बड़ी शोख, बड़ी चंचल हैं ये हवाएँ
परदेस से मेरे यार की खुशबू भी ले आएँ
मेरे लिए तो खुदा की रहमत सी हैं ये हवाएँ।

दूरियाँ

लाज़मी था रूठना उनका,
सिलसिले मुलाक़ातों के जो रुक गए थे,
कहने को क्या कुछ नहीं था,
लब ना जाने फिर भी क्यूं सिल से गए थे,
टूट बहुत कुछ रहा था हम दोनों के दरम्यान,
वक्त से भी ज़्यादा मगरूर हम हो चले थे,
मन तक की खबर रखते थे कहाँ तो हम,
आज चेहरे भी पढ़ पाने मुश्किल हो गए थे,
दरारें आ गई जो दरम्यान वजह कुछ भी हो फिर,
उमंग भरे वो लम्हे अब तो कहीं गुम हो गए थे।

आश्वासन उसका

पल-भर मे ही उड़ जाती हैं उलझनें ये मन की,
विश्वास लौट आता है खोया-खोया,
मन से मन का रिश्ता बंधा हुआ हो जिससे,
बस हाथों पर हाथ ही भर रख देना उसका,
दुविधा से बाहर आ निकल देखी दुनिया, टूट गया मन
का हर संशय 'था जिसने भी बोया',
क्यूँ घबराई आँखों से देख रहे हो, ना विचलित हो पथ
से,
ला देता है भीतर एक नई चेतना,
बस गहराई से ये बातें सहज सरलता से समझाना
उसका।

क्यूँ?

मन मे बेचैनियां, निराशाएं घर कर लें,
क्या इतनी हैसियत रखते हैं ये गम?,
टूट कर बिखरने के कगार पर ले आएं हमें, अहमियत
इतनी इन्हें दे ही क्यूँ बैठे हम?
घिरता तो हर कोई है वक्त के चक्रवातों में,
सँभलता मगर वही है जो घिरा नही अवसादों मे,
जीवन है ये आते-जाते रहेंगे खुशी और गम के मेले,
बस देनी नही इजाज़त ये हस्ती से हमारी खेलें,
देनी है जगह अगर तो मन मे उम्मीदों को देंगे,
जिनके हौसलों से जीवन-पथ पर अग्रसर हैं ये कदम।

हाउस-लाइफ

तुम धड़कन मैं सांसे हूं ज़िंदगी की,
यही मैने जाना है, यही मन ने माना है,
फिर भी समझ नही पाती कभी-कभी,
Housewife कहकर कब? किसने?
परिभाषित कर दिया, मैं तो अर्धांगिनी हूं तुम्हारी,
स्तम्भ हैं अपनी दुनिया के हम-तुम,
अहमियत किसकी बदल दी गई Housewife कहकर
यह तो पता नही,
life तो हम दोनो ही हैं इस घर की,
हमने जो मिल कर सजायी है,
अथक परिश्रम से अर्जित तुम्हारे 'अर्थ' को व्यवस्थित
कर,
एक खूबसूरत भविष्य को आकार देती चलती हूं,
तुम्हारी मुस्कान ही मेरी पूंजी है,
तुम आधार हो, मैं हूं धुरी,
अस्तित्व दोनो से ही हमारा है,
फर्क नही पड़ता दुनिया कुछ भी समझे
मै तो हाथ हाथों में लिए तुम्हारा,
गर्व से चहकती हूं,
तुम धड़कन हो 'जिसकी',
मै उस house की life हूं।

सुन ओ आफ़ताब मेरे

तस्वीर नही हूं जो मनचाहे रंग भर दोगे,
ज़ज्बातों से भरा एक दिल भी है पास मेरे,
ता-उम्र साथ तुम्हारे धड़केगा गर मेरा साथ दोगे,
तुम्हारी आँखों के अश्कों से मुझे एतराज़ है,
मेरे होंठों की मुस्कान ही तुम्हारे सुकून का राज़ है,
ज़िंदगी में तुम्हारी गर मैं महताब हूं,
तुम्हारे भी चेहरे की चमक बन कर रहूंगी सदा
'सुन ओ आफ़ताब मेरे'

माँ

'माँ जिसकी प्यार की छाया ने,
ज़िंदगी की धूप में तपने की शक्ति दी,
'माँ जिसकी दी हुई शिक्षा ने,
ज़िंदगी में फैसला लेने की क्षमता दी,
'माँ जिसकी प्यार भरी झिड़कियों ने,
ज़िंदगी में सही-गलत का
फैसला करना सिखाया,
'माँ जिसके दिए हुए हौसलों ने,
ज़िंदगी में बड़े मज़बूत इरादे दिए,
'माँ जिसकी प्यार भरी एक नज़र ने,
ज़िंदगी में बुरी नज़रों से बचाए रखा,
स्वंय जूझती रही रोज़मर्रा कि उलझनों से,
फिर भी हमारी उलझनें सुलझती रही,
कितना समर्पण कितनी शक्ति,
कितनी सीधी, कितनी सरल,
वो हमें 'विशेष' बनाती है,
इसीलिए तो वो माँ कहलाती है।

फूल

फूल हमारी जीत की ख़ुशी में
गले का हार बन गए
प्यार में इज़हार के लिए
'उपहार' बन गए,
देखा हमें उदास जो कभी मुरझा गए
साथी हैं खूबसूरत ये फूल ज़िंदगी के
डाली से टूटकर भी
हमारे गुलशन को महका गए,
फूल सा ही बनना, ऐ दिल
दोस्त जिस किसी का बनना
जो किताबों में लिए यादें
फिर अचानक मिल गए।

अब हम देंगे

तुम्हारे अधूरे ख़्वाबों को भी सच करने की ज़िम्मेदारी,
अब हम लेंगे,
जग-जग कर ना जाने कितनी ही रातें
मेरी किस्मत संवारी
ऐ माँ
तेरी आँखों के आँसुओं को भी मोती में,
अब हम बदल देंगे,
बुनने में स्वप्न मेरे व्यस्त ही रहे निरंतर,
मेरे कहने से पहले ही समझ लिए
मेरे जज़्बात,
सुनो पापा मेरे,
तुम्हारे अरमानों को सफल और
ऊँची उड़ान
'अब हम देंगे!'

हारना तो नहीं है

फिसलते-फिसलते सँभलना
आ ही गया राहों में
इतनी बार खाईं ठोकरें कि
चलना आ ही गया राहों में
कोशिशों से कह दिया है -"थकना नहीं है"
रखनी होंगी तेज़ निगाहें मंज़िलों पे
तकदीर का लिखा मान हारना तो नहीं है
जूझना तो पड़ेगा राह की मुश्किलों से
ठान कर एक बार जो चल पड़े मंज़िल की ओर
समझौता क्यूँ करना फिर विषम हालातों से?

मंज़िल मिल गई

वो दिन कहाँ गए ,वो रातें कहाँ गईं?
अब तो पता नहीं, मगर
जो दिन जूझ कर गुज़ारे थे
जो रातें जाग कर गुज़ारी थीं
वो आज ख़्वाबों को रंग गईं
वो तपन, वो जलन कहाँ गई?
अब तो पता नहीं मगर
धूप में चले थे जो कदम
मंज़िल की तलाश में
ज़िंदगी को अपने पैरों पर
वो चलने के काबिल बना गई
ये हाथों की लकीरें भी देती हैं साथ
जुनून की हद देखकर
किस्मतें कहाँ कुछ किए बिना बन गई

सफल हो गई कोशिशें यारों अगर
मंज़िल मिल गई।

किताबें

अनगिनत सवाल लिए जब-जब
खोली हैं किताबें मैंने
जवाब बड़ी खूबसूरती से पाया है
मुश्किलों मेंइनमें मैंने
तन्हाई में मेरी मुझसे
जाने कितनी ही बातें की हैं
कहने को किताबें हैं मगर
अज़ीज़ दोस्त सा साथ दी हैं
ज़िंदगी को पढ़ने का सलीका
इनमें पाया है मैंने
एक विश्वास भरा अहसास
इनमें पाया है मैंने।

हमारे पापा

हमारी सम्पूर्ण दुनिया का आकाश
हमारा अस्तित्व, हमारी पहचान
हमारे पापा
हमारे सपनों की खातिर
जूझते रहते हैं अपने वर्तमान से
रचते हैं हमारा भविष्य
खुशियाँ ढूँढते हैं हमारे लिए
हम हैं उनकी धड़कन
वो हमारा संबल, हमारा जीवन आधार हैं।

हौसला

तोड़ने की कोशिशें तो बहुत की उसे बेगानों ने
उसने भी कसर एक ना छोड़ी खुद को बनाने में
बहुत गहराई से समझी थीं किताबों में लिखी बातें
उसने
सबक वही याद रहे जो सिखाए ज़माने ने
पुरज़ोर कोशिशें की खाक में मिलाने की हालातों ने
हौसला तोड़ने का ज़रा भी दम ना था उसका इन
झंझावातों में
जिसने उम्मीद का दिया जला रखा हो हाथों में
हार मान ली उससे इन बेरहम हवाओं ने
खुद को यूँ ही बुलंद रखो कि बुरा वक्त लौट जाए
वरना वक्त कहाँ लगता है टूटकर बिखर जानें में।

ऐ ज़िंदगी

एक बेफिक्री भरा दिन मुझे भी चाहिए
ऐ ज़िंदगी
मन की कहते-सुनते हम कहीं दूर निकल जाएं
रेतों पर चलते हुए
ऐसी राहत भरी एक शाम मुझे भी चाहिए
ऐ ज़िंदगी
पेड़ की छाँव में बैठे हम तारों को गिन सकें
ऐसी ही कोई सुकून भरी रात मुझे भी चाहिए
ऐ ज़िंदगी
बहुत तेज़ रफ्तार से दौड़ते इस वक़्त से
कुछ पल कैद कर सकूं अपनी मुट्ठी में
जी-भर जी लेने को एक ऐसा बेपरवाह पल
मुझे भी चाहिए
ऐ ज़िंदगी।

उम्मीद

अभी तन्हा हैं ज़रूर सफर में,
कारवाँ मगर एक रोज़ जुड़ेगा
मुश्किलें हैं ज़रूर अभी अंधेरी रातों में
सूरज मगर उम्मीदों का ज़रूर चमकेगा।

बेरुखी

वो बहुत बेरुखी से
मिल रहे हैं आजकल
सितारे अपने भी कहां
चमक रहे फलक पर
दोनों ही गुज़र रहे जब
गर्दिश के दौर से
रख ताक पर शिकायतें
क्यूं ना इस वक्त को
गुज़ार लें मिलकर?

कह दो दिल की बात

बागों में आई तितलियों से
चहचहाती चिड़ियों से कह दो दिल की बात
सुना है मन हल्का हो जाता है
सिर्फ कह देने भर से
क्या फर्क पड़ता है, कोई समझे या ना समझे
आपके जज़्बात
लहरारही हवाओं से
बलखाती सागर की लहरों से

कर लो बातें दो-चार
सुना है मन खुश हो जाता है
मन की कह लेने भर से
क्या फर्क पड़ता है, कोई समझे या ना समझे
आपके अल्फ़ाज़
झमझमाती बारिशों से
उमड़ते-घुमड़ते बादलों से
कर लो दिल खोलकर मुलाकात
सुना है मन भी मयूरा है इक
मगन हो लेता है इनसे क्षण भर ही मिलकर
क्या फर्क पड़ता है, कोई समझे या ना समझे
आपके अहसास।

ज़िंदगी

समझा था हमने ज़िंदगी
ख्वाब सी होती है
नींद टूटी तो जाना
ये तो धागों सी उलझी है।
सिरे जल्द हाथ ही नहीं आते
मुश्किलों के
दिन बेचैनी भरे
औ रात करवटों में गुज़रती है।

ये बरसातें

क्या खूब हैं ये बरसातें भी
तमाम यादें लिए आ बरस जाती हैं
और हमें बरसाता छोड़ जाती हैं।

हमारी रातों की ना सुबह नज़र आती
ना कोई मंज़िल ही नज़र आती है।

ऐ चांद

ऐ चांद फ़लक से
अब ज़मीं पर आ ज़रा,
दूर से तेरी सूरत पढ़ी नहीं जाती,
कुछ अनकही दिल की
ठहरी हुई है लब पर
दूर से इतनी ये बातें
हमसे कही नहीं जाती।

आँखें

समझो तो बहुत कुछ कहती हैं
यूँ ही खामोश रहकर आँखें,
बेचैनियां नज़र ना आ जाएं
कहीं दिल की,
निभा रही हैं वफ़ा बख़ूबी
यूँ ही खामोश रहकर आँखें।

निरंतर

यह निरंतर टकराते रहना
लहरों का साहिलों से
यही ज़िंदगी है,
रखा कुछ नहीं ठहरे पानी में।

निराश न हों

निराश ज़रा ना हों
प्रतिकूल हवाओं से
ये अपना रुख ज़रूर बदलेंगी
जूझती रहेंगी जो पतवारें लहरों से
वो नैया किनारों पर ज़रूर पहुंचेंगी।

वो हम नहीं

ज़िंदगी तुझसे शिकायतें होंगी बहुत
पर मुस्कराने की वजह भी कम नहीं
आए तूफान और डर जाएँ
वो हम नहीं
फासले अभी हैं मंज़िलों के दरम्यान
कोई बात नहीं
थक कर राहों में बैठ जाएँ
वो हम नहीं।

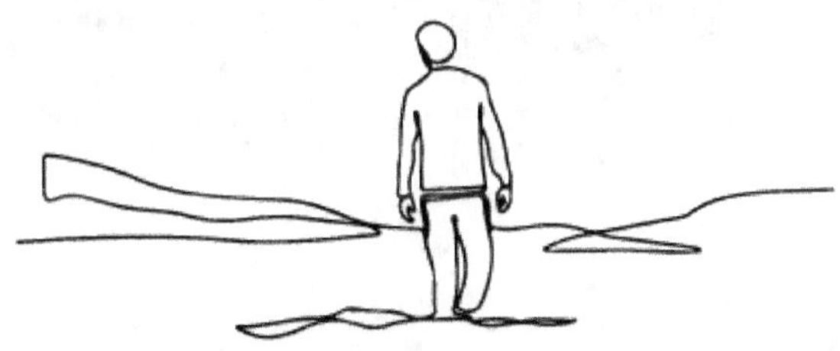

कभी धूप-कभी छाँव

कभी धूप होगी कभी छाँव मिलेगी
ज़िंदगी में कोई पल तय नहीं है
हाँ हताश नही होना किसी मोड़ पर
रुकना नहीं है कभी बस यही बात तय है।

यह ज़िंदगी है

कभी कांटों पर चलेगी
कभी फूलों सी हंसेगी
पहेलियाँ सुलझा करती हैं जनाब,
यह ज़िंदगी है उलझी ही रहेगी।

खुशियाँ

खुशियाँ भी शायद
पतंग बन गई हैं
अचानक आँखों से
ओझल हो जाती हैं देखते-देखते।

हम-तुम

बेजान खिलौने तो ना थे
जो चाभी से चल जाते
एक जज़्बात भरा दिल थे
तो धड़कना कैसे रुक जाते
नासमझ तो तुम भी ना थे
जो आँखों की बेचैनी ना पढ़ पाते
सिरे उलझे कभी मिलकर सुलझा लेंगे
रिश्ते ये अनमोल मोती से
स्नेह के धागे में पिरो रखेंगे
यूँ तो कई बार बिखरे हैं
कई बार खुद को संभाला है हमने
ज़िंदगी के उतार-चढ़ाव में
खुद को ढ़ाला है हमने
खिलौने होते तो कब के टूट जाते
थामें हुए हाथ हाथों में अब तो
यूँ ही चलते रहेंगे कैसे भी हों रास्ते।

यही तो ज़िंदगी है

उम्र तमाम गुज़र जाती है
ज़िंदगी तुम्हे समझने में
वो पल रेत से फिसल जाते हैं
जिसे बन्द करना चाहो मुट्ठी में
कुछ कोशिश में, कुछ उम्मीद में, कुछ इंतज़ार में
गुज़र जाते हैं
जिन्हें शायद मज़ा था जी-भर जी लेने में
जिन्होंने समझाना चाहा मतलब ज़िंदगी का
उन्हें शायद हमनें नहीं समझा
हमारी बेचैनियों को शायद
उन्होंने नहीं समझा
वक्त ने भी बहुत कुछ सिखाना चाहा
नादानियां थी अपनी हमने नहीं समझा
गिनते रहे खामियाँ एक-दूसरे की
हम ही बेहतर हैं हर किसी ने यही समझा
कोशिशें कहाँ हो पाती हैं अपनी खामियाँ ढूँढ पाने की
हम तो उलझे ही रह जाते हैं बेवजह के सवालों में
था कुछ नही रखा जबकि इन झूठे तानों-बानों में
आओ समझें ज़िंदगी हमसे चाहती क्या है?
जितनी भी है, जैसी भी है, शायद कह रही है

जी लो हर पल जी भर के पूरी वफ़ादारी से
यही तो है ज़िंदगी रफ्तार से गुज़रती हुई
एक बार रोज़ दिखा जाती है अक्स हमारा हमें आईने
में।

ये ख़ामोशी

ये ख़ामोशी अब खल रही बहुत
आओ कुछ बातें करें
पुरानी शिकायतों को ख़त्म कर यहीं
चलो फिर से नई शुरुआत करें
ज़िंदगी की किताब खोल
नया एक अध्याय पढ़ें।

बेवजह

बेवजह पुरानें ज़ख्मों को
जो हरा किए हुए थे,
कुछ ऐसे पन्नें निकाल दिए
हमनें ज़िंदगी की किताब से।

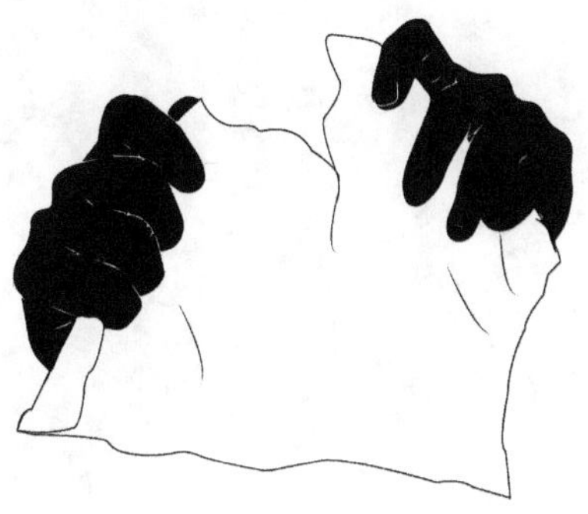

ज़रूर

अभी तन्हा हैं ज़रूर सफर में,
कारवाँ मगर एक रोज़ जुड़ेगा
मुश्किलें हैं ज़रूर अभी अंधेरी रातों में
सूरज मगर उम्मीदों का ज़रूर चमकेगा।

मुस्कराकर

एक बार जो फिसले हालात
फिर बात संभलेगी नहीं
मुस्कुरा कर बिगड़ती बात को
सँभाल लिया जाए
लहज़े में यूँ तल्खी
ऐ मन किसी काम की नहीं।

मायूस ज़रा ना होना

मायूस ज़रा ना होना
जो रात घिर आई है
उजाले नए लिए
सुबह
फिर आएगी
जीवन में इम्तेहान
अभी कई हैं बाकी
ज़िंदगी हमें हर मोड़ पर
यूं ही आज़माएगी।

आंसुओ ने

आंसुओ ने सिखला दिया
रुखसार पर ठहर कर मुस्कुराना,
शायद इसे कहते हैं
बदलते हालातों से सीख जाना।

हां-ना

अभी मेरी खामोशी का मतलब
समझे कहां है वो,
हां-ना कि कशमकश में
उलझे हुए हैं वो,
आंखें कह रही हैं
बहुत ही गहराई से हर बात,
लबों के हिलने के इंतज़ार में
फिर क्यों हैं वो।